Arquitectos Mexicanos

Encuentro de Forma y Función

Arquitectos Mexicanos

Encuentro de Forma y Función

EDICIÓN
Fernando de Haro
Omar Fuentes

AUTORES *AUTHORS*

Fernando de Haro & Omar Fuentes

DISEÑO Y PRODUCCIÓN EDITORIAL *EDITORIAL DESIGN & PRODUCTION*

DIRECCIÓN DEL PROYECTO *PROJECT MANAGER*

Valeria Degregorio Vega

COLABORADORES *CONTRIBUTORS*

Edali P. Nuñez Daniel
Griselda Ruiz Aguirre
Mónica Escalante Cervantes

CORRECCIÓN DE ESTILO *COPY EDITOR*

Abraham Orozco González

TRADUCCIÓN *TRANSLATION*

Dave Galasso

© 2003, Fernando de Haro & Omar Fuentes

AM Editores S.A. de C.V.
Paseo de Tamarindos #400 B, suite 102,
Col. Bosques de las Lomas, C.P. 05120,
México, D.F. Tel. 52(55) 5258-0279,
Fax. 52(55) 5258-0556
E-mail: ame@ameditores.com
www.ameditores.com

ISBN   968-5336-19-9

Impreso en Hong Kong.

PP. 2, 3, 5 Y 9 Fernando de Haro, Jesús Fernández Soto
y Omar Fuentes Elizondo.
Fotógrafo - photographer. Sebastián Saldívar.

P. 4 Ricardo Legorreta, Víctor Legorreta y Noé Castro.
Fotógrafo - photographer. Lourdes Legorreta.

PP. 6 Y 7 Manuel Mestre.
Fotógrafo - photographer. Juan Collignon Hoff.

P. 8 arriba Enrique Fuertes B. y Jaime Reyes M.
Fotógrafo - photographer. Héctor Velasco Facio.

P. 8 abajo Alex Carranza y Gerardo Ruiz Díaz.
Fotógrafo - photographer. Héctor Velasco Facio.

CONTENIDO
CONTENTS

INTRODUCCIÓN
INTRODUCTION

Entre las características que distinguen a la arquitectura mexicana residencial de los últimos años, destaca la preocupación por cuidar y respetar el entorno natural. Es un compromiso no escrito con la protección del medio ambiente, sin que ello signifique el sacrificio de la estética, la funcionalidad o la comodidad. Las obras que se incluyen en este Tomo VI de la serie Arquitectos Mexicanos, son una muestra de la forma en que los profesionales mexicanos han asumido ese compromiso y de cómo lo han puesto en práctica.

El denominador común es, en principio, la armonía. Armonía entre la funcionalidad y la estética; armonía entre una arquitectura vanguardista con diseño siempre vigente, y la utilización de materiales que perduren; armonía entre cada uno de los elementos, estructura, color, textura, luminosidad, volumen, pero sobre todo armonía con el ser humano, dándole sentido de proporción a lugares creados para ser vividos y no contemplados, espacios que transmitan paz y tranquilidad, en armonía con la naturaleza.

Care and respect for the natural landscape has been one of the most distinguishing characteristics of Mexican residential architecture in recent years. To protect the environment without sacrificing a home's beauty, functionality and comfort is an unwritten pledge with today's architects. The homes included in Volume VI of the Arquitectos Mexicanos series are an example of the way Mexican designers have accepted this commitment and put it into practice.

In principle, the common denominator is harmony. Harmony between function and beauty, between lasting contemporary designs and the use of durable materials, harmony among each of the elements such as structure, color, texture, lighting and volume, but above all, harmony with the human being, providing a sense of proportion to living spaces -spaces that convey peace and tranquility in harmony with nature.

Respetar ese compromiso no es ninguna limitante y quizá por eso aquí encontramos conceptos de gran simplicidad que, sin abandonar la intensidad creativa, buscan el equilibrio entre medio ambiente, la función y la forma, o que recurren a una arquitectura evocativa, austera, limpia, clara, ordenada, que reduce el diseño a su escencia, eliminando lo superfluo y buscando la sencillez, más allá de modas vanguardistas y tecnológicas, sin ostentaciones ni signos de riqueza. Quizá también por eso, en las obras que ilustran este volumen, son recurrentes los materiales naturales como la madera y la piedra, incluso la incorporación del agua como elemento del diseño, la combinación de texturas, los juegos de luz y sombra, los espacios abiertos de gran luminosidad, las ventanas con hermosas vistas, los jardines, el paisaje natural, el color. Para interpretar las aspiraciones de su cliente, sin abandonar estos parámetros, el arquitecto pone en práctica su propio estilo, un estilo que se concentra en la creación de espacios confortables y cálidos, logrados a base del equilibrio entre función y forma creando una arquitectura inteligente que responde a un sitio y a un tiempo determinado con un estilo que gira en pos de propuestas audaces y simples que invitan a integrarse con la naturaleza y a gozar de una sensación completa de bienestar. Una profunda comunión entre naturaleza, espacio arquitectónico y estética.

Fernando de Haro, Jesús Fernández y Omar Fuentes

P. 10 Enrique Fuertes B. y Jaime Reyes M.
Fotógrafo - photographer. Héctor Velasco Facio.

PP. 12 Y 13 Félix Blanco Martínez.
Fotógrafo - photographer. Luis Gordoa.

PP. 14 Y 15 Ricardo Rojas C. y Ricardo Rojas O.
Fotógrafo - photographer. Luis Gordoa.

P. 16 Francisco Guzmán G. y Alejandro Bernardi G.
Fotógrafo - photographer. Héctor Velasco Facio.

PP. 18 Y 19 Fernando de Haro, Jesús Fernández S. y Omar Fuentes Elizondo.
Fotógrafo - photographer. Sebastián Saldívar.

Perhaps it is because respecting this commitment is not a limitation that the design concepts we find here are so simple yet creatively intense in their pursuit of balance between the environment, function and form. Or that they go for a more evocative, austere, cleaner architecture that reduces design to its essence, seeking simplicity beyond modernistic, technological trends and freedom from showy trappings of wealth. Maybe that is why the use of natural materials like wood and stone, and even water as a design element, together with the combination of textures, plays of light and shadow, bright open spaces, windows with beautiful views, large yards, the natural landscape and color are such recurring themes in the works presented in this volume. To interpret an owner's desires without compromising the commitment to respect the environment, the architect must create warm, comfortable spaces that balance function and form. In short, their challenge is to come up with an intelligent design that not only responds to the demands of a particular place and time, but that also answers the need for a simple yet daring idea that offers a sense of oneness with nature and well being.

Fernando de Haro, Jesús Fernández y Omar Fuentes

MAX BETANCOURT SUÁREZ

BETANCOURT ARQUITECTOS E INGENIEROS inició sus actividades en 1980 y desde entonces ha realizado un sinnúmero de obras de todo género, especializándose en dar un servicio completo al cliente, desde el proyecto hasta su ejecución y entrega.

Sus proyectos surgen del balance entre el arreglo de los espacios interiores, su relación con las necesidades que satisface y el mobiliario. Esto se refleja en la composición de los volúmenes exteriores. La comunión de los valores arquitectónicos ancestrales con los valores de la funcionalidad, la tecnología y la espiritualidad que requiere nuestra época, sintetizan su concepto estético.

BETANCOURT ARQUITECTOS E INGENIEROS has designed and built a wide variety of projects since beginning operations in 1980. Their hallmark is providing their customers a turnkey service spanning from design concept to finished construction and interiors.

Their architecture is influenced by the function and placement of interior spaces, the relationship with furniture and relation of spaces with the environment. The result is reflected in exterior volumes. The firm's esthetic philosophy can be summed up as a synthesis between the architectural values of all times and the practical and spiritual demands of today.

PP. 21 A 27 Casa Rosaleda, Lomas Altas, México D.F.
FOTÓGRAFO - PHOTOGRAPHER. Lourdes Legorreta.

FÉLIX BLANCO MARTÍNEZ

La principal preocupación del despacho de FÉLIX BLANCO es la armonía. Armonía entre funcionalidad y estética. Armonía entre cada una de las partes para obtener una obra integral con sus elementos, estructura, color, luminosidad, temperatura, textura y volumen en equilibrio. Armonía entre una arquitectura vanguardista y un diseño siempre vigente gracias, entre otras cosas, al uso de materiales que envejecen dignamente.

Para lograr esta búsqueda y encuentro con la armonía, este despacho multidisciplinario cuenta con arquitectos, diseñadores industriales, diseñadores gráficos e ingenieros civiles con experiencia en las áreas residencial, restaurantera, corporativa y de interiores.

FÉLIX BLANCO's passion is harmony. Harmony between function and design as well as each building element to achieve a unified whole: structure, color, lighting, temperature, textures and space. Harmony between contemporary and traditional architecture by using materials that age gracefully.

This multidisciplinary firm includes architects, industrial and graphic designers, and civil engineers with ample experience in residential, restaurant, corporate and interior design projects.

PP. 29 A 35 Blanco Valle, Valle de Bravo, México.
FOTÓGRAFO - PHOTOGRAPHER. Luis Gordoa.

EMILIO CABRERO HIGAREDA
ANDREA CESARMAN KOLTENIUK
MARCO COELLO BUCK

Marco Coello, Emilio Cabrero y Andrea Cesarman integran el despacho C'CUBICA, que desde sus inicios se ha preocupado por poner en práctica la estrecha relación entre la arquitectura de interiores y la creación de espacios que respondan a las fantasías del cliente.

"Siempre tomando en cuenta la proporción y el contenido, en el ejercicio profesional del despacho, además del trabajo en las áreas de diseño de interiores, la arquitectura, el diseño industrial y el diseño gráfico, le hemos dado especial atención al área de decoración de interiores, donde siempre intentamos servir como traductores directos de la imaginación al espacio."

Marco Coello, Emilio Cabrero and Andrea Cesarman make up the C'CUBICA office. Ever since they started out they have tried to put into practice the close relationship between interior architecture and the creation of spaces that address clients' fantasies.

"Always considering proportion and content, our office, in addition to work in the areas of interior design, architecture, and industrial and graphic design, has given special attention to the area of interior decoration, where we always try to serve as direct translators from the imagination to space."

PP.37 A 41 Casa Monterrey, Monterrey Nuevo León, México,
PP.42 Y 43 Casa Cuernavaca, Cuernavaca Morelos, México,
FOTÓGRAFO - PHOTOGRAPHER. Sebastián Saldívar.

ALEX CARRANZA VALLES
GERARDO RUIZ DÍAZ

A lo largo de su camino por la arquitectura, ALEX CARRANZA y GERARDO RUIZ han desarrollado un sentido de la proporción que les permite crear atmósferas con emoción, donde los volúmenes interactúan con la luz, los materiales y el diseño.

Integran sus proyectos con la naturaleza, los jardines y el agua porque trasmiten la paz y el sosiego que elevan la calidad de vida de las personas. Vigilan hasta el último detalle la calidad de los acabados, porque entienden que el cliente va a vivir en permanente contacto con ellos y experimentan un verdadero gozo cuando su arquitectura consigue que la vida de sus habitantes sea más placentera y armónica.

"Para nosotros la arquitectura da oportunidad a las personas de acceder a una mejor calidad de vida".

Throughout their careers, ALEX CARRANZA and GERARDO RUIZ have developed a proportional sense that allows them to create evocative environments where spaces interact with light, materials and design.

A hallmark feature of their work is the use of nature, landscaping and water for the peace and tranquility they provide. Their commitment to carefully supervise even the smallest detail in finishes comes from an understanding that the client has to live with the result. They experience true pleasure when their architecture contributes to enriching their customers' lives.

"We see architecture as an opportunity for people to achieve a better quality of life," say the architects.

PP. 45 A 47 Casa Lomas Hipódromo, México D.F.,
PP. 48 A 51 Casa Encinos, Edo. de México,
FOTÓGRAFO - PHOTOGRAPHER. Héctor Velasco Facio.

FERNANDO DE HARO LEBRIJA
JESÚS FERNÁNDEZ SOTO
OMAR FUENTES ELIZONDO

ABAX, a lo largo de su quehacer arquitectónico y a pesar de ser una firma joven, ha logrado colocarse como uno de los despachos de diseño arquitectónico más importantes del país, tanto en el género habitacional como en el hotelero. No importa la región de que se trate, ABAX tiene presencia en casas, condominios y hoteles de las ciudades más importantes de México y los destinos de playa más concurridos.

Fernando de Haro L., Jesús Fernández S. y Omar Fuentes E., encabezan este grupo de diseñadores comprometidos con el legado cultural de nuestro pueblo, incorporando los grandes logros tecnológicos y creando diseños contemporáneos con identidad propia.

Despite its relative youth as a firm, ABAX has become one of Mexico's leading residential and hotel designers. They have developed homes, condominiums and hotels in many of Mexico's major cities and beach destinations.

Fernando de Haro L., Jesús Fernández S. and Omar Fuentes E. lead the talented group of designers at ABAX with a vision that embraces Mexico's rich cultural legacy, the latest in technological advances and the group's signature contemporary designs.

PP. 53 A 59 Casa Real del Mar, Puerto Vallarta, Jalisco
FOTÓGRAFO - PHOTOGRAPHER. Sebastián Saldívar.

55

JAVIER DUARTE MORALES

Egresado de la Facultad de Arquitectura de la UNAM, Javier Duarte Morales inicia su trabajo profesional en 1987, haciendo equipo con el Arq. Honorato Carrasco Mahr. Funda la firma DM ARQUITECTOS, donde ha diseñado y construido fraccionamientos residenciales, hoteles, oficinas y más de 35 residencias sobre diseño, aprovechando el contexto del lugar, así como el manejo de los materiales naturales según las expectativas estéticas y las posibilidades presupuestales de sus clientes.

Minucioso observador de la ciudad de Cuernavaca y de su estilo de vida, Javier Duarte proporciona soluciones arquitectónicas cálidas, donde existe una total integración del hombre con su entorno.

Javier Duarte Morales began his professional career in 1987 after graduating from the Universidad Nacional Autónoma de México Architecture Department.

During the first years of his practice he worked as a team with Honorato Carrasco Mahr. Later, he founded DM ARQUITECTOS. His company has designed and built residential developments, hotels, offices and more than 35 custom homes. Showing an innate respect for the urban or rural landscape, DM's designs employ natural materials that meet both the client's esthetic expectations and budget.

A close observer of the city of Cuernavaca and its lifestyle, Javier Duarte uses his experience to provide architectural solutions that embrace and integrate his clients with their surroundings.

PP. 61 A 65, Casa Sumiya, Jiutepec Morelos, México.
PP. 66 Y 67, Casa Tamazula, Cuernavaca Morelos, México.
FOTÓGRAFO - PHOTOGRAPHER. Alberto Moreno G.

JORGE ESCALANTE PIZARRO
PEDRO ESCOBAR FDZ. DE LA VEGA

Jorge Escalante Pizarro y Pedro Escobar Fernández de la Vega se graduaron con honores de la Universidad Iberoamericana; su trabajo de titulación recibió, además, un premio especial.

En 1996 constituyen la firma GRUPO ARQEE, dedicada al proyecto arquitectónico y a la construcción. Ahí han desarrollado conjuntos habitacionales, edificios departamentales y proyectos residenciales. Su trabajo se caracteriza por imprimir el sentido de una arquitectura de vanguardia mediante el uso de estructuras y materiales contemporáneos en combinación con espacios diseñados en función de la personalidad y forma de vida de sus clientes.

Not only did Jorge Escalante Pizarro and Pedro Escobar Fernández de la Vega graduate with honors from the Universidad Iberoamericana, their graduation project also garnered a special award.

These two bright talents started the firm GRUPO ARQEE in 1996. Devoted to the design and construction of residential complexes, apartment buildings and upscale homes, each of their projects reflect a combination of leading-edge architecture, contemporary materials and structures, and spaces designed to suit their customers' personalities and lifestyles.

PP. 69 A 75 Casa de la Palmera, México D.F., FOTÓGRAFO - PHOTOGRAPHER. Jordi Farré.

71

JESÚS FERREIRO MARÍN

Egresado de la Universidad Iberoamericana, Jesús Ferreiro Marín comenzó su trayectoria profesional en 1990 con actividades de diversos géneros, principalmente la elaboración de proyectos y la construcción de casas habitación.

En 1992 fundó F.V.A. ARQUITECTOS S.C., firma que se ha especializado en el desarrollo de proyectos corporativos, comerciales, habitacionales y de interiorismo. En su propuesta busca integrar las necesidades particulares del usuario, como la funcionalidad, la personalidad, el confort, con una arquitectura actual, en constante evolución.

Jesús Ferreiro Marín graduated from the Universidad Iberoamericana in 1990 and began applying his profession in several areas; mainly residential design and construction.

In 1992 he started F.V.A. ARQUITECTOS, which specializes in corporate, commercial, residential and interior design projects. FVA's mission is to assimilate each end-user's specific needs, such as function, style and comfort, into constantly evolving, contemporary architectural solutions.

PP. 77 A 83 Casa Jardines de la Montaña, México D.F.
FOTÓGRAFO - PHOTOGRAPHER. Sebastián Saldívar

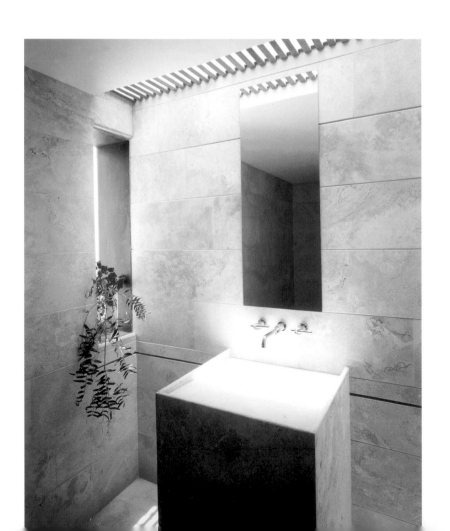

ENRIQUE FUERTES BOJORGES
JAIME REYES MENDIOLA

Integrantes de la generación 1982 – 1987, de la carrera de arquitectura de la Universidad La Salle, Jaime Reyes M. y Enrique Fuertes B., decidieron aprovechar la experiencia acumulada en diversas actividades relacionadas con el diseño y la construcción, para constituir una empresa dedicada, en su etapa inicial, a la remodelación de oficinas, casas habitación y departamentos.

A finales del 2002, dieron una orientación definitiva a su trabajo profesional hacia la creación y ejecución de proyectos arquitectónicos. Ese mismo año se integra al equipo de trabajo el diseñador gráfico Viriato Cuenca, y fundan el despacho de diseño arquitectónico, EL TERCER MURO, Arquitectura e Interiorismo, S.A. de C.V.

Jaime Reyes and Enrique Fuertes both graduated in 1987 from Universidad La Salle. Capitalizing on the experience they acquired during their formation as architects, they started their own company remodeling offices, residences and apartments.

In late 2002 they defined their professional focus on original architectural design and building projects. During that same year, graphic designer Viriato Cuenca joined the team. The synthesis between the three resulted in the creation of the firm EL TERCER MURO, Arquitectura e Interiorismo.

PP. 85 A 91 La Casa del Callejon, Mexico, D.F. FOTÓGRAFO - PHOTOGRAPHER. Héctor Velasco Facio.

FEDERICO GÓMEZ CRESPO A.
FEDERICO GÓMEZ CRESPO G.

GÓMEZ CRESPO ARQUITECTOS cuenta con una experiencia exitosa de más de cuarenta años dentro del ramo residencial y comercial de alta calidad a nivel nacional e internacional.

Su propuesta consiste en generar conceptos de gran simplicidad, sin abandonar la intensidad creativa característica de su estilo. Las constantes son el equilibrio entre función y forma, el diseño minucioso del detalle y la utilización de elementos estructurales aparentes como parte de los distintos ambientes arquitectónicos. Tiende a la composición de interiores confortables y cálidos logrados con materiales naturales como madera, piedra y acero, una notable presencia del agua y el uso de distintas texturas y juegos de luz y sombra.

GÓMEZ CRESPO ARQUITECTOS has more than 40 years experience in successfully designing and building upscale residential and commercial projects in Mexico and abroad.

Their vision is founded on generating very simple concepts without compromising the characteristic creative intensity of their style. The constants in their designs are balance between form and function, careful attention to details and the integration of structural elements as part of the architectural end product.

They favor warm, comfortable interiors and natural materials like wood, stone and steel, a notable presence of water, the use of contrasting textures and the play between light and shadow.

PP. 93 A 97, Casa en Sierra del Mar, Puerto Vallarta, Jalisco.
FOTÓGRAFOS - PHOTOGRAPHERS. Eduardo Solórzano (93, 94, 97 ARRIBA)
y Héctor Velasco Facio (95, 94, 97 ABAJO)
PP. 98 Y 99, Casa en los Encinos, Edo. de México, FOTÓGRAFO - PHOTOGRAPHER. Tachi.

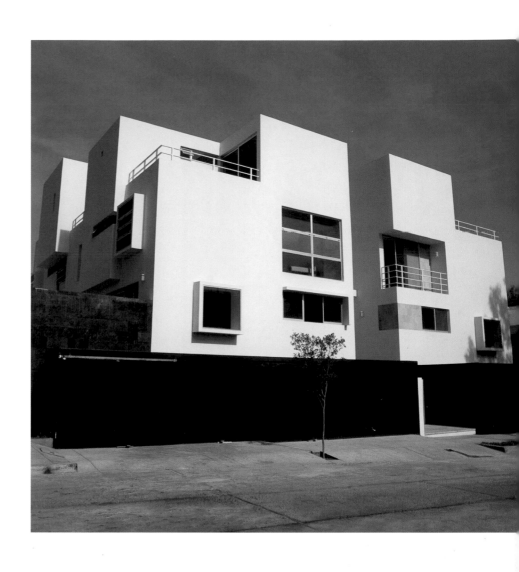

ÁLVARO GONZÁLEZ GUERRA
JOSÉ MANUEL GÓMEZ CASTELLANOS
JUAN CARLOS GÓMEZ CASTELLANOS

CASAS DE MÉXICO, firma del GRUPO GVA (Gómez Vázquez Aldana y Asociados), empresa líder en su ramo, que se especializa en proyectos residenciales dentro y fuera del país, en esta ocasión conjuga su experiencia con Consorcio Herchell y Constructora Deco, desarrolladoras de proyectos comerciales de vivienda, que se distinguen por su cuidadosa atención en los detalles constructivos y una excelente calidad espacial.

El resultado de este trabajo en equipo es una experiencia enriquecedora que ratifica su compromiso de lograr la excelencia en cada proyecto. En la actualidad siguen trabajando conjuntamente impulsando la arquitectura.

CASAS DE MEXICO, an affiliate of GRUPO GVA (Gómez Vázquez Aldana y Asociados), is a leading design firm in its field. Specializing in residential projects in Mexico and abroad, the company occasionally combines their talents and experience with Consorcio Herchell and Constructora Deco, developers of commercial housing projects that are distinguished by the careful attention to detail and excellent spatial relationships.

The result of this teamwork is an enriching experience based on the quality in every aspect of the final product. Both companies continue working together in an effort to give impulse to contemporary architecture.

PP. 101 Y 104 Casa Buenos Aires, Guadalajara Jalisco,
PP. 102, 103 Y 105 Casa Asirios, Zapopan Jalisco, México,
PP. 106 Y 107 Casa Mar Azov, Guadalajara Jalisco.
FOTÓGRAFO - PHOTOGRAPHER. Carlos Escobar Vázquez.

FRANCISCO GUZMÁN GIRAUD
ALEJANDRO BERNARDI GALLO

Desde el momento en que FRANCISCO GUZMÁN y ALEJANDRO BERNARDI decidieron asociarse, se impusieron el compromiso de crear espacios acogedores, que llenaran las expectativas de sus clientes, no sólo desde el punto de vista estético, sino también funcional.

El rasgo distintivo de sus casas es que proyectan su esencia hacia el interior, como un acto de defensa hacia la hostilidad del exterior. Muestran inclinación por las líneas y acabados limpios, que no distraigan la atención del elemento que consideran más importante: el espacio. El toque de emotividad en los espacios lo consiguen con la sobreposición de formas y volúmenes, con cambios en las alturas y matices controlados en la iluminación, con el recurso de la transparencia y el uso de una amplia gama de elementos arquitectónicos.

From the moment FRANCISCO GUZMÁN and ALEJANDRO BERNARDI decided to partner, they gave impulse to a commitment to create warm, comfortable spaces that would meet the expectations of their clients, both esthetically and functionally.

The distinctive trait of their designs is how the essence of the home is projected inward, as if in defense against the hostile world.

They show a clear preference for clean lines and finishes that don't distract from what they feel is most important: the space. The emotional impact of the spaces is achieved through the superimposition of form and volume, contrasts in heights, controlled lighting nuances, the use of transparency and the application of a broad range of architectural elements.

PP. 109 a 115, Casa Izar, Valle de Bravo, Edo. de México
FOTÓGRAFO - PHOTOGRAPHER. Héctor Velasco Facio

ARMANDO LASSO DE LA VEGA

ARMANDO LASSO DE LA VEGA es egresado del Instituto Tecnológico y de Estudios Superiores de Monterrey en 1980 y casi de inmediato, en 1981, inicia su actividad profesional dedicada a la realización de proyectos residenciales, comerciales, remodelaciones y decoración de interiores.

Su obra se caracteriza por la búsqueda de una simple creación de espacios que cubran las necesidades y expectativas de sus clientes. El objetivo de su proceso de diseño es llegar a una arquitectura que integre armónicamente el lugar con el programa, pero sobre todo lograr conexiones emocionales directas entre el usuario y el espacio.

ARMANDO LASSO DE LA VEGA opened his own architectural firm in 1981, one year after graduating from the Instituto Tecnológico de Monterrey. Since then his practice has been mainly focused on residential and commercial projects, renovations and interior design.

Lasso de la Vega's signature is the creation of simple spaces that meet the client's practical and esthetic expectations. His design process strives for architecture that not only harmonizes property and final concept, but more important fosters emotional ties between the space and its occupants.

PP. 117 A 121, 122 arriba Y 123 Casa Paseo Campestre, San Luis Potosí, México
P. 122 abajo Casa Terrazas, San Luis Potosí, México
FOTÓGRAFO - PHOTOGRAPHER. Gerardo González Vargas

HARRIS LEE SÁNCHEZ

Harris Lee, con estudios de especialización en el Japón y los Estados Unidos, graduado con mención honorífica de la Universidad Nacional Autónoma de México, desde hace diez años ha realizado proyectos de oficinas, instituciones educativas, comercio, vivienda e industria dentro y fuera de la Ciudad de México.

Con una visión humanista y ecológica desde la cual concibe que la arquitectura contemporánea debe ser emocional e inteligente, el arquitecto Lee responde a un sitio y a un tiempo determinado, donde los usuarios son el nodo de partida y donde la arquitectura emocional sea capaz de dotar de espíritu a lo inerte a través de propuestas audaces y simples.

Harris Lee graduated with honorable mention from the Universidad Nacional Autónoma de México, which he followed with graduate studies in Japan and the United States. He has been designing office buildings, schools, commercial spaces, housing projects and industrial complexes in and around Mexico City for the last ten years.

Guided by a humanistic, ecological vision, Harris Lee believes that contemporary architecture should appeal to the emotions and intellect. He designs in response to a specific place and time, and puts the building's occupants at the very heart of the architectural concept. Through simple yet daring designs, Lee manages to breathe life into otherwise inert materials.

PP. 125 A 131 Casa Cabrera, Marina del Cid, Mazatlán Sinaloa, México.
FOTÓGRAFOS - PHOTOGRAPHERS. Flor Esqueda y Elízabeth Hernández.

RICARDO LEGORRETA VILCHIS
VÍCTOR LEGORRETA HERNÁNDEZ
NOÉ CASTRO CASTRO

Desde su fundación, hace 30 años, LEGORRETA + LEGORRETA ha logrado mantenerse fiel a su objetivo de crear la mejor arquitectura inspirada en nuestra cultura, pero al mismo tiempo, universal y contemporánea.

A principios de los noventa, Víctor Legorreta se sumó al equipo de trabajo, con un grupo de jóvenes arquitectos, y junto con Ricardo encabeza el equipo de diseño. Ambos se involucran en todos los aspectos de cada proyecto, incluido el diseño de paisaje y de interiores. Sus objetivos son los de siempre: crear una excelente arquitectura.

Since the founding of the firm 30 years ago, LEGORRETA + LEGORRETA has managed to remain faithful to its objective of creating the best architecture. Inspired by Mexico's culture, the company's designs are both contemporary and universal.

In the early 90s, Víctor Legorreta, together with a group of young architects, joined the company. Today he heads the creative team with Ricardo. Both are deeply involved in every aspect of each project, including landscape design and interiors. Their guiding vision is to always create excellent architecture.

PP. 133, 137 arriba, 138 Y 139, Casa Lago, Valle de Bravo, México,
PP. 134 Y 135, Casa en las Lomas, México D.F.,
PP. 136 Y 137 abajo, Casa de las Hermanas, Valle de Bravo, México,
FOTÓGRAFO - PHOTOGRAPHER. Lourdes Legorreta.

FRANCISCO LÓPEZ GUERRA A.

FRANCISCO LÓPEZ GUERRA ALMADA es ganador del Premio Nacional CAM - SAM de Arquitectura "Luis Barragán" del año 2000. La temprana pérdida de sus padres motivó la pronta acción de iniciar una vida de trabajo que comenzó con Pedro Ramírez Vázquez de 1967 a 1969, continuó con José A. Wiechers de 1970 a 1971 y una vez más con Ramírez Vázquez en 1972.

En 1973 se independiza y comienza la recuperación de antiguos colaboradores de su padre, quienes le permitirían retomar experiencias anteriores y evolucionar con nuevas posibilidades. La especialización en proyectos de museos de todas las tipologías que ha desarrollado en la última década, se suma a su prolífica obra residencial y de edificios de oficinas.

FRANCISCO LÓPEZ GUERRA ALMADA was awarded the 2000 National CAM-SAM "Luis Barragán" Architectural Award. The loss of his parents early in life motivated young Francisco to start making a life for himself, which he began doing with Pedro Ramírez Vázquez from 1967 to 1969, José A. Wiechers from 1970 to 1971, and again with Ramírez Vázquez in 1972.

In 1973 he struck out on his own. Hooking up with his father's old working partners he was able to both learn from the past while exploring new alternatives. Building on his considerable experience in residential and office projects, over the last decade he has specialized in all types of museums.

pp. 141 a 147 Casa en Club de Golf Malinalco, Estado de México.
FOTÓGRAFO - PHOTOGRAPHER Jorge del Olmo.

FERNANDO MARTÍNEZ BERLANGA

FERNANDO MARTÍNEZ BERLANGA, dedicado desde hace más de diez años al desarrollo de proyectos residenciales y casas de descanso, ha conjuntado esfuerzos con los arquitectos Alberto León Santacruz y Alberto Valdés Lacarra manteniendo como principal objetivo proyectar espacios en los que se refleje un absoluto respeto por las necesidades del usuario y la naturaleza del entorno.

En su obra se entrelazan la elegancia y funcionalidad con una tendencia recurrente a armonizar los espacios interiores y exteriores. El contraste de los materiales naturales y los elementos estructurales, complementado por un juego de iluminación, natural y artificial, crea un equilibrio visual y espacial entre el contorno arquitectónico y el entorno natural.

FERNANDO MARTÍNEZ BERLANGA has been designing residential and vacation homes for more than ten years. Together with architects Alberto León Santacruz and Alberto Valdés Lacarra, his prime goal is to create spaces that embody total respect for the client's needs and the surrounding environment. His works blend elegant functionality with a penchant for harmonizing interiors and exteriors. The contrast between natural materials and structural elements is complemented by the interplay of natural and artificial light. The result is a visual and spatial balance between architecture and nature.

PP. 149, 154 Y 155 Casa Calabasas, México D.F.
PP. 150, 151 Y 153 Casa en Club de Golf Los Encinos, Lerma, Edo. de México
PP. 152 Casa Bezares, FOTÓGRAFO - PHOTOGRAPHER. Jordi Farré

MANUEL MESTRE

MANUEL MESTRE ha realizado un excelente trabajo en sus más de ochenta casas proyectadas y construidas hasta la fecha.

En su obra, que tiende a integrarse con el entorno, busca la recuperación de atmósferas de la memoria histórica, con el manejo contemporáneo del espacio; el descubrimiento de nuevas tecnologías que acojan los sistemas tradicionales de construcción, para crear una dinámica donde la arquitectura pueda expresarse de manera individual y amable. Juega con la luz y el color creando sombras que llenan el espacio de misterio y hacen que se pierda el límite entre mundo interior y exterior.

MANUEL MESTRE´S project portfolio is an excellent collection of more than 80 homes he has designed and built to date.

In his work, which tends to harmonize with the environment, he seeks to recreate a traditional sense of style through a contemporary use of space and the application of new technologies that embrace conventional building systems. The resulting interaction generates a dynamic where design is an individualistic, friendly expression. He plays with light and color to create shadows that fill the space with mystery and manage to erase the separation between inside and out.

PP. 157 A 163 Casa Luna, Careyes, FOTÓGRAFO - PHOTOGRAPHER. Juan Collignon Hoff.

159

GENARO NIETO ITUARTE

La armonía y el equilibrio, junto con los materiales, se dan cita en las obras de Genaro Nieto, trabajando en sincronía con GRUPO ARQUITECTÓNICA, equipo que ha logrado tener una personalidad definida e inconfundible.

Las obras de Genaro Nieto, invitan a mimetizarse con la naturaleza y con los materiales, a gozar de una sensación completa de bienestar. Lo que todos buscan y pocos logran, es una autentica comunión entre los espacios y la estética; la capacidad creativa de Genaro Nieto captura ese vínculo y lo traduce en diseños que, sin duda, perdurarán a través del tiempo.

A harmonious balance and tasteful choice of materials are the hallmark of a Genaro Nieto design, as when working closely with GRUPO ARQUITECTÓNICA, a team with its own unmistakable style and character.

Mr. Nieto blends nature and materials to create a real sense of well-being. Many architects strive for but few achieve what Genaro Nieto is capable of offering: an authentic communion between function and beauty that transcends the test of time.

PP. 165, 168 Y 169 Casa Cuatro Vidas, Valle de Bravo, Edo. de México.
FOTÓGRAFO - PHOTOGRAPHER Paul Czitrom.
PP. 166, 167, 170 Y 171 Casa de los Dos, Ixtapa, Guerrero.
FOTÓGRAFO - PHOTOGRAPHER Ignacio Urquiza.

JOSÉ MIGUEL NOGAL MORAGUES

JOSÉ NOGAL es ante todo, un interiorista dotado de un talento excepcional y de una calidad humana que lo convierten en una persona de fino trato y gran caballerosidad.

Su capacidad para armonizar, dentro de una misma obra, diversas corrientes y estilos, es uno de sus puntos distintivos. Siempre busca integrar la naturaleza como remate visual. Su aprovechamiento de la luz natural es característico de todas sus construcciones. Lo realizado en México ha incrementado su experiencia y le ha permitido incursionar en mercados como Estados Unidos y Centro América, siempre con la convicción de mantener los valores básicos de la arquitectura, fundamentos del diseño y elementos clásicos que identifican sus proyectos.

JOSÉ NOGAL is first and foremost an exceptional interior designer, but also a fine human being and true gentleman.

One of his trademarks is his ability to harmonize diverse currents and styles within a single project. He always seeks to incorporate nature as a visual detail and adeptly uses natural light as a recurring design feature in his work. His experience in Mexico has enabled him to make inroads into U.S. and Central American markets where he continues to apply his basic architectural values and the classic elements that characterize his designs.

PP. 173 A 179, Casa Bosques de las Lomas, México D.F.
FOTÓGRAFO - PHOTOGRAPHER Víctor Benítez.

RICARDO ROJAS CAÑAMAR
RICARDO ROJAS ORTÍZ

RICARDO ROJAS ARQUITECTOS cimenta su fortaleza en la exitosa experiencia de 45 años de ejercicio profesional de su fundador Ricardo Rojas Cañamar, y en las tendencias contemporáneas y nuevos sistemas tecnológicos de iluminación y sistematización de Ricardo Rojas Ortíz.

Su objetivo es interpretar los anhelos de sus clientes en espacios confortables y cálidos, basándose en materiales selectos y texturas de luz y sombra, la notable presencia del agua, el diseño paisajista como elemento esencial y un especial cuidado en la calidad de los detalles, hasta lograr una solución estética única, donde el usuario pueda ver realizados sus sueños más exigentes.

The consolidated strength of RICARDO ROJAS ARQUITECTOS is founded on the successful 45-year practice of the firm's creator, Ricardo Rojas Cañamar, and the contemporary trends, new lighting technologies and automated systems brought to the company by Ricardo Rojas Ortíz.

Their goal is to give expression to their clients' dreams through warm, comfortable spaces. They accomplish this by careful material selection, lighting effects, a notable presence of water, incorporating the natural or urban landscape, and meticulous design. Their approach invariably results in a unique esthetic solution that speaks to their client's deepest desires.

PP. 181 A 187 Casa Tabachines, Acapulco Guerrero, México.
FOTÓGRAFO - PHOTOGRAPHER. Luis Gordoa.

DIRECTORIO
DIRECTORY

MAX BETANCOURT SUÁREZ
GRUPO BAI

Av. Lomas Verdes No. 54,
Alteña II,
Naucalpan Edo. de México, 53127
Tels. 53.43.90.20 / 34 / 39 / 45
Fax. 53.43.90.45
E-mail: mbs@bai.com.mx
www.bai.com.mx

FELIX BLANCO MARTÍNEZ

Cascada No. 108,
Jardines del Pedregal,
México, D.F., 01900
Tels. 55.68.01.04 - 56.52.34.77
E-mail. felixbm@prodigy.net.mx

EMILIO CABRERO H.
ANDREA CESARMAN K.
MARCO COELLO BUCK
C'CÚBICA

Condominio Corp. Horizonte
Paseo de los Laureles No. 458-604,
Bosques de las Lomas,
México, D.F., 05120
Tels.- Fax. 55.96.04.47 - 52.51.69.38
E-mail: cubica@infosel.net.mx

ALEX CARRANZA VALLES
GERARDO RUIZ DÍAZ
TARME

Gobernador José Guadalupe
Covarrubias No. 57 –16,
San Miguel Chapultepec,
México, D.F., 11850
Tel. 55.15.37.05 - 52.72.39.35
Fax. 52.72.18.70
E-mail: ttarme@prodigy.net.mx
acv@tarme.com, grd@tarme.com

FERNANDO DE HARO LEBRIJA
JESÚS FERNÁNDEZ SOTO
OMAR FUENTES ELIZONDO
ABAX

Paseo de Tamarindos No. 400 B-102,
Bosques de las Lomas,
México, D.F., 05120
Tels. 52.58.05.58 / 57
Fax. 52.58.05.56
E-mail: abax@abax.com.mx

JAVIER DUARTE MORALES
DM ARQUITECTOS

Domingo Díez No. 1308,
San Cristóbal,
Cuernavaca Morelos, México, 62250
Tels. (01777) 317.78.78
Fax. (01777) 313.97.29
E-mail: jduarte@dmarquitectos.com

JORGE ESCALANTE PIZARRO
PEDRO ESCOBAR FDZ. DE LA VEGA
ARQEE

Unidad Torres de Mixcoac, edif. A-12 - 702
Lomas de Plateros, México D.F., 01490
Tels. 56.51.33.21/ 20.65
Fax. 56.51.31.17
E mail: arqee@prodigy.com.mx
www.arqee.com

JESÚS FERREIRO
F.V.A. Arquitectos S.C.

Periférico Sur No. 3449, 3er. piso,
San Jerónimo Lídice,
México, D.F., 10200
Tel.-Fax. 56.83.01.22
E mail: jfm@grupofevea.net
www.grupofevea.net

ENRIQUE FUERTES BOJORGES
JAIME REYES MENDIOLA
El Tercer Muro, Arquitectura e Interiorismo

Enrique Rébsamen No. 322,
Narvarte
México, D.F., 03020
Tels. 56.39.41.21
Fax. 56.39.51.21
E mail: enriquef@exacto.com.mx

FEDERICO GÓMEZ CRESPO A.
FEDERICO GÓMEZ CRESPO G.
Gómez Crespo Arquitectos

Av. Arteaga y Salazar No. 1548-B,
Loc. 5, El Contadero
México D.F., 05500
Tels. 58.12.53.98 / 04455.52.52.10.08
E-mail: fgomez@hotmail.com

ÁLVARO GONZÁLEZ GUERRA
JOSÉ MANUEL GÓMEZ CASTELLANOS
JUAN CARLOS GÓMEZ CASTELLANOS
Casas de México

Av. Aurelio Ortega No. 736,
Seattle,
Zapopan Jalisco, México, 45150
Tels. (01333) 833.13.01
Fax. (01333) 833.13.02
E-mail: info@casasdemexico.net /
www.casasdemexico.com.mx

FRANCISCO GUZMÁN GIRAUD
ALEJANDRO BERNARDI GALLO

Prol. Paseo de la Reforma No. 1232
Torre A-4o piso,
Lomas de Bezares,
México, D.F., 11910
Tels. 91.49.49.80 al 83
Fax. 91.49.49.83
E-mail: arqfguzman@aol.com
     abp@adetel.net.mx

ARMANDO LASSO DE LA VEGA
LASSO DE LA VEGA ARQUITECTOS

Naranjos No. 585 - 5,
Las Águilas, 3era. sección,
San Luis Potosí, México, 78260
Tels. (01444) 817.48.33
E-mail: alasso@infosel.net.mx

HARRIS LEE SÁNCHEZ
HARRIS LEE ARQUITECTOS

Campos Eliseos No. 415 - 801,
Polanco,
México, D.F., 11560
Tel. 52.80.31.78
E-mail: harrisleearquitectos@hotmail.com

RICARDO LEGORRETA VILCHIS
VÍCTOR LEGORRETA HERNÁNDEZ
NOÉ CASTRO CASTRO

LEGORRETA + LEGORRETA

Palacio de Versalles No. 285 - A,
Lomas Reforma,
México, D.F., 11020
Tels. 52.51.96.98
Fax. 55.96.61.62
E-mail: legorret@lmasl.com.mx

FRANCISCO LÓPEZ GUERRA A.

MUSEOTEC S.A DE C.V.

Blvd. Adolfo López Mateos No. 2484,
San Angel,
México, D.F., 01060
Tels. 55.50.37.59 - 56.16.00.67
Fax. 56.16.29.32
E-mail: museotec@prodigy.net.mx

FERNANDO MARTÍNEZ BERLANGA

Bosque de Duraznos No. 69 - 1108,
Bosques de las Lomas
México D.F., 11700
Tels. - Fax. 55.96.20.90 - 52.51.26.23
E-mail: fmartinez@ekonom.com

MANUEL MESTRE

TALLER DE ARQUITECTURA

Parque Vía Reforma No. 2009,
Lomas de Chapultepec
México, D.F., 11000
Tels. 55.96.04.12 - 55.96.95.45
Fax. 52.51.24.98
E-mail.mmestre@mail.internet.com.mx

GENARO NIETO ITUARTE

GRUPO ARQUITECTÓNICA S.A DE C.V.

Prol. Paseo de la Reforma No. 39 - 208,
Paseo de las Lomas,
México, D.F., 01330
Tels. 52.92.00.56
Fax. 52.92.36.81
E-mail: gruparq@prodigy.net.mx

JOSÉ NOGAL MORAGUES

NOGAL ARQUITECTOS

Campos Eliseos 215 - E
Polanco,
México, D.F., 11500
Tel. 52.82.19.68
Fax. 52.82.15.84

RICARDO ROJAS CAÑAMAR
RICARDO ROJAS ORTÍZ

ROJAS ARQUITECTOS

Horacio Nelson No. 85 - A,
Costa Azul,
Acapulco Guerrero, México, 39850
Tels. (01744) 484.66.46/ 481.13.53/ 481.01.17
E-mail: taller@ricardorojasarquitectos.com

Se terminó de imprimir en el mes de septiembre del 2003 en Hong Kong. Su formación se llevó a cabo con el programa PageMaker, utilizando tipografías Optima y Veljovich.

Está impreso en prensa plana. El cuidado de edición estuvo a cargo de AMEditores S.A. de C.V.

Esta primera edición consta de *8,000 ejemplares.*